西阴文化三部曲

运城市文物保护中心 编

钟龙刚 主编

山西出版传媒集团

三晋出版社

对于考古人来说，夏县西阴村有着特殊的地位，因为西阴不仅仅是我们熟悉的一个遗址，更是现代考古学在中国诞生的标志地，是构建中国史前文化框架的一个里程碑，在中国考古学史上具有学术和文化的双重意义。

1926 年，李济先生在晋南考察传说中的尧帝陵、舜帝陵、夏后氏陵，途中，他发现了拥有大量彩陶的夏县西阴遗址。同年 10 月，李济先生主持对该遗址进行首次发掘，拉开了中国人独立主持田野考古的序幕，也被视为山西考古的发端，西阴从此走入考古学者的视线。该遗址出土了一批丰富的彩陶，极具特色的西阴纹成为探索山西仰韶时代文化谱系的出发点和落脚点。

发掘西阴遗址时采用的探方法和层叠记录方式，深刻影响着当代中国田野考古。近百年来，以西阴为起点，数代考古人在这片热土上挥洒汗水，探寻着先民的足迹，找到了文化上早期中国的主要发祥地之一，见证了尧、舜、禹时代的辉煌成就，再现了晋国六百年的宏图伟业。

在考古学文化上，西阴有着举足轻重的地位。1962 年，杨建芳先生提出西阴类型的意见。1994 年，张忠培先生从"依据考古学的惯例"和"尊重考古学先驱作出成绩"的角度，提出"西阴文化"的冠名。从发掘时间上来说，西阴遗址的发掘远早于 1956—1957 年发掘的陕县庙底沟遗址。庙底沟遗址的年代跨度大，不仅有相当于仰韶时代中期的庙底沟一期遗存，还有以三足器为代表的庙底沟二期遗存，内涵较为丰富。虽然 1926 年发掘的西阴遗址相对单纯，绝大多数为仰韶时代中期遗存，性质单一，但是作为中国考古学者第一次独立主持发掘的田野考古遗址，具有很强的标志意义，以此命名，并无不妥。这与我们今天将以斝、瓮和石城为代表的晋陕高原龙山时代晚期遗存更名为石峁文化异曲同工，也符合考古学文化命名的一般原则。

作为中国文明起源进程上的西阴，代表着一种范式。西阴遗址所处的时代是中国史前文化发展的一个高峰期，也是五千多年文明史的真实写照。著名考古学家苏秉琦先生从中国文明起源的角度，以距今 5500 年前后华山玫瑰、燕山龙为代表的两种不同文化传统的碰撞，描绘文明火花形成的一种形式，展示了西阴文化在中国文明起源进程中的重要作用。西阴文化被部分学者称为"文化上的早期中国"，辐射大半个中国。其中彩陶艺术表现最为强劲，西阴文化典型的花瓣纹、西阴纹等彩陶要素被传播至整个黄河流域，在临汾桃园、垣曲下马等一些中心遗址，出土了一批制作别致、画工细腻的精美彩陶器。西阴遗址还发现了半个人工养殖的蚕茧，更早的夏县师村遗址也发现数件石雕蚕蛹，结合周边相关发现，可以确认山西也是养蚕缫丝技术的重要发源地之一，形成西阴文化在文明进展中一道独特的风景。

2023 年 5 月 16 日，习近平总书记在运城博物馆考察时，特别听取了关于西阴文化的工作汇报，并发表重要讲话："博物馆有很多珍贵文物，甚至国宝，它们实证了我国百万年的人类史，一万年的文化史，五千多年的文明史。要深入实施中华文明探源工程，把中国历史文明研究引向深入。"

为此，我们收集相关资料，编辑出版《西阴文化三部曲》，纪念西阴考古，总结西阴成就，阐释西阴文化，揭示西阴文明。同时，也期望与国内外关心、支持西阴的朋友继续探索未知，揭示本源，共同推动相关研究，把中国历史文明研究引向深入。

是为序！

卫　龙
2023 年 9 月

本

2

源

随着粟作农业的兴起和进一步发展，以采集、狩猎和旱地种植相互补充的多元经济模式趋向稳定，加之大暖期的到来，从距今 7000 年的翼城枣园开始，晋南的万年文化史迈入一个加速阶段，仰韶时代的窄带、圆点、弧线等彩陶纹饰及环口瓶、红陶钵等典型器形在枣园类遗存中孕育而生，出现了垣曲古城东关和宁家坡、芮城东庄和清凉寺、翼城北撖、侯马褚村等遍及运城盆地和临汾盆地不同规模的聚落，诞生了夏县师村一类的聚落围垣，这一时期，晋南新石器时代文化和社会发展进程步入一个小高峰期。

敛口钵

(G1 ① :1)

仰韶初期

口径 27.9 厘米，底径 8.5 厘米，通高 12.1 厘米

1999 年出土于山西省临汾市翼城县枣园遗址，
现存于山西省考古研究院

泥质红陶。敛口，圆唇，弧腹，小平底。

口沿外横向旋抹一周。

仰韶初期

口径 23.2 厘米，底径 7.2 厘米，通高 9.7 厘米

1999 年出土于山西省临汾市翼城县枣园遗址，
现存于山西省考古研究院

泥质褐陶。敞口，圆唇，弧腹，小平底。
口部饰宽带红彩。

敞口钵

(F1:16)

仰韶初期

口径 24.3 厘米，底径 6.6 厘米，通高 8.4 厘米

1999 年出土于山西省临汾市翼城县枣园遗址，现存于山西省考古研究院

泥质褐陶。敞口，圆唇，弧腹，小平底。素面。

仰韶初期

口径 35.6 厘米，底径 7.7 厘米，通高 12 厘米

1999 年出土于山西省临汾市翼城县枣园遗址，
现存于山西省考古研究院

敞口钵

(F1:27)

泥质红褐陶。敞口，圆唇，弧腹，小平底。

口沿外侧饰褐色窄带。

仰韶初期

口径 35.6 厘米，底径 7.7 厘米，通高 12 厘米

1999 年出土于山西省临汾市翼城县枣园遗址，
现存于山西省考古研究院

泥质红陶。敞口，圆唇，弧腹，小平底。

口部饰红色窄带。

敞口钵

(F1:30)

仰韶初期

口径 28.9 厘米，底径 6.8 厘米，通高 12.5 厘米

1999 年出土于山西省临汾市翼城县枣园遗址，现存于山西省考古研究院

泥质红陶。敞口，圆唇，弧腹，小平底。口部饰红色窄带。

敞口钵

(G1:3)

仰韶初期

口径 23.4 厘米，底径 7.2 厘米，通高 7.8 厘米

1999 年出土于山西省临汾市翼城县枣园遗址，现存于山西省考古研究院

泥质红褐陶。敞口，圆唇，斜弧腹，平底。

口沿外侧磨光。

仰韶初期

口径 18 厘米，底径 6 厘米，通高 10 厘米

1999 年出土于山西省临汾市翼城县枣园遗址，
现存于山西省考古研究院

泥质橘红陶。敞口，圆唇，斜腹，腹较深，
平底。口沿外侧有一周红彩。

敞口钵 (F1:34)

敞口钵
(H9:1)

仰韶初期

口径 35.7 厘米，底径 7.5 厘米，通高 17.8 厘米

1999 年出土于山西省临汾市翼城县枣园遗址，
现存于山西省考古研究院

泥质红陶。敞口，圆唇，斜腹，小平底。

口沿外侧磨光。

仰韶初期

口径 27 厘米，底部孔径 2.5 ~ 3 厘米，
通高 10.5 厘米

1999 年出土于山西省临汾市翼城县枣园遗址，
现存于山西省考古研究院

　　泥质红陶。敞口，圆唇，弧腹，圜底。口
沿外有一周明显的褐色宽带纹，底部有一个圆
形打制小孔。

(F1:21)

仰韶初期

口径 28 厘米，底部孔径 2.5～3 厘米，
通高 12 厘米

1999 年出土于山西省临汾市翼城县枣园遗址，
现存于山西省考古研究院

敞口钵
(F1:22)

泥质红陶，腹部局部有灰色斑块。敞口，
圆唇，弧腹，圜底。口沿外有一圈红褐色宽带，
底部中心开凿一个圆孔。

斜腹盆

(F1:56)

仰韶初期

口径 24.3 厘米，底径 6.6 厘米，通高 8.4 厘米

1999 年出土于山西省临汾市翼城县枣园遗址，
现存于山西省考古研究院

泥质红褐陶。直口，圆唇，鼓肩，弧腹。磨光。

仰韶初期

口径 11.9 厘米，底径 7 厘米，通高 4.1 厘米

1999 年出土于山西省临汾市翼城县枣园遗址，
现存于山西省考古研究院

夹砂红陶。敞口，方唇，斜弧腹，假圈足。素面。

(H4:3)

仰韶初期

口径 16.8 厘米，底径 9 厘米，通高 5 厘米

1999 年出土于山西省临汾市翼城县枣园遗址，
现存于山西省考古研究院

泥质红陶。敞口，尖圆唇，斜直腹，平底。素面。

(H9:7) 陶碗

仰韶初期

口径 4.4 厘米，底径 7 厘米，通高 17 厘米

1999 年出土于山西省临汾市翼城县枣园遗址，现存于山西省考古研究院

泥质红陶。蒜头瓶口，长颈，圆腹，平底。器表磨光。

小口瓶
(H1:2)

仰韶初期

口外径 8.5 厘米，口内径 5.5 厘米，
最大腹径 30 厘米，通高 43 厘米

1999 年出土于山西省临汾市翼城县枣园遗址，
现存于山西省考古研究院

泥质红陶。环形口，束颈，鼓肩，斜腹，腹

两侧置双桥形耳，平底。器表磨光。

仰韶初期

口径 17.9 厘米，底径 7 厘米，通高 21.1 厘米

1999 年出土于山西省临汾市翼城县枣园遗址，
现存于山西省考古研究院

　　夹砂红褐陶。敞口，圆唇，深腹，下部弧收，
平底。口沿外侧横向旋抹，腹部素面。

(F1:39)

仰韶初期

口径 17 厘米，底径 8 厘米，通高 19.6 厘米

1999 年出土于山西省临汾市翼城县枣园遗址，
现存于山西省考古研究院

夹砂红褐陶。敞口，圆唇，腹较深，上腹近直，
下部弧收，平底。素面。

(F1:40)

深腹罐

仰韶初期

口径 18.4 厘米，底径 7.1 厘米，通高 20.4 厘米

1999 年出土于山西省临汾市翼城县枣园遗址，
现存于山西省考古研究院

　　夹砂红褐陶。敞口，圆唇，腹较深，上腹微鼓，

下部弧收，平底。颈部有旋抹痕，下腹部素面。

深腹罐
(F1:42)

仰韶初期

口径 17.5 厘米，底径 7.5 厘米，通高 19.5 厘米

1999 年出土于山西省临汾市翼城县枣园遗址，
现存于山西省考古研究院

夹砂红陶。敞口，圆方唇，深弧腹，平底。

颈部有旋抹痕，下腹部素面。

仰韶初期

口径 12.5 厘米，底径 6.4 厘米，通高 15.6 厘米

1999 年出土于山西省临汾市翼城县枣园遗址，
现存于山西省考古研究院

深腹罐

(H4:4)

夹砂红褐陶。敞口，圆唇，深腹，上部近直，
下部斜收，平底。上腹饰数周弦纹，下腹素面。

仰韶初期

口径 17.8 厘米，底径 17 厘米，通高 12.8 厘米

1999 年出土于山西省临汾市翼城县枣园遗址，
现存于山西省考古研究院

夹砂红褐陶。圆唇，折沿外侈，深腹，腹圆鼓，
平底。腹部饰绳纹。

深腹罐

(T1302 ④ :3)

仰韶初期

口径 8 厘米，底径 10 厘米，残高 5 厘米

1999 年出土于山西省临汾市翼城县枣园遗址，
现存于山西省考古研究院

　　泥质红陶。圆唇，平折沿，束颈，溜肩，
底残。素面。

器座
(F1:53)

仰韶初期

直径 6.8 厘米，通高 2.8 厘米

1999 年出土于山西省临汾市翼城县枣园遗址，
现存于山西省考古研究院

夹砂褐陶。亚腰形，喇叭座。素面。

仰韶初期

直径 6.6 厘米，通高 2.4 厘米

1999 年出土于山西省临汾市翼城县枣园遗址，
现存于山西省考古研究院

夹砂红陶。亚腰形，喇叭座。素面。

(F1:48)

器座

(F1:52)

仰韶初期

直径 6.6 厘米，通高 2.4 厘米

1999 年出土于山西省临汾市翼城县枣园遗址，
现存于山西省考古研究院

夹砂褐陶。亚腰形，喇叭座。素面。

(H1:8)　　　(F1:77)　　　(T9 ③ :7)　　　(F1:78)

(F1:79)　　　(H1:7)　　　(F1:9)　　　(H5:35)

仰韶初期

1999 年出土于山西省临汾市翼城县枣园遗址，
现存于山西省考古研究院

均为红陶。扁平状，器表孔隙较大。

陶锉

红陶。扁锥状，器表孔隙较大，刃部圆钝。

仰韶初期

长 7.5 厘米，宽 3 厘米

1999 年出土于山西省临汾市翼城县枣园遗址，
现存于山西省考古研究院

红陶。扁锥状，器表孔隙较大，刃部圆钝。

(F1:78) 陶锉

(H5:35)

仰韶初期

长 11 厘米，宽 4 厘米

1999 年出土于山西省临汾市翼城县枣园遗址，
现存于山西省考古研究院

红陶。仅存柄部，扁平状，平面近长方形，
孔隙较大。

石器坯

(H5:49)

仰韶初期

长 45 厘米

1999 年出土于山西省临汾市翼城县枣园遗址，
现存于山西省考古研究院

灰色砂岩，琢磨而成。弯月形，弧刃。

仰韶初期

残长 17 厘米，残宽 9.8 厘米

1999 年出土于山西省临汾市翼城县枣园遗址，
现存于山西省考古研究院

灰色砂岩，琢磨而成。仅存刃部，近梯形，
弧刃。

石铲 (F1:94)

33

石磨盘
(采:8)

通长 33 厘米，宽 12 ～ 19 厘米

1999 年出土于山西省临汾市翼城县枣园遗址，现存于山西省考古研究院

　　红褐砂岩。略呈椭圆形，正面微凹，一端略残，使用痕迹明显。

仰韶初期

直径 6.5 厘米

1999 年出土于山西省临汾市翼城县枣园遗址，
现存于山西省考古研究院

褐色砂岩。圆形。

(T3 ② :12)

石饼

仰韶早期

口径 30 厘米，通高 13.8 厘米

1990 年出土于山西省临汾市翼城县北撖遗址，
现存于山西省考古研究院

　　泥质橘黄陶。口微敛，圆唇，深弧腹，圜底。

口部饰一圈宽 5 厘米的红彩，底部印有席纹，

底中央有一小孔。

敛口钵

(H25:8)

仰韶早期

口径 35 厘米，高 15 厘米

1990 年出土于山西省临汾市翼城县北撖遗址，现存于山西省考古研究院

泥质红褐陶。敛口，圆唇，弧腹，圜底。口沿外饰一圈宽 5 厘米的红彩，底部有明显的席纹。

敛口钵

(T19G)

仰韶早期

口径 17.5 厘米，底径 7 厘米，高 9.5 厘米

1997 年出土于山西省运城市垣曲县宁家坡遗址，
现存于山西省考古研究院

泥质红陶。口微敛，圆唇，口外裂缝两边有
圆形穿孔，深弧腹，圜底。器表磨光。

仰韶早期

口径 35 厘米，通高 16 厘米

1997 年出土于山西省运城市垣曲县宁家坡遗址，
现存于山西省考古研究院

敞口钵

泥质红陶。敞口，圆唇，弧腹，近圜底。

口沿外有一圈红褐彩宽带纹。

敞口钵

仰韶早期

口径 20 厘米，底径 7.6 厘米，
孔径 1.4 厘米，通高 7.6 厘米

1997年出土于山西省运城市垣曲县宁家坡遗址，
现存于山西省考古研究院

　　泥质橘黄陶。敞口，圆唇，弧腹较深，平底，
底部中心有一个圆形穿孔。口沿外饰一圈宽带
红彩。

仰韶早期

口径 27 厘米，底径 5 厘米，高 13 厘米

1997 年出土于山西省运城市垣曲县宁家坡遗址，
现存于山西省考古研究院

泥质红陶，器壁较薄。敞口，圆唇，弧腹，
小平底。口沿外有一圈红褐彩宽带，下腹部呈
深灰色。

仰韶早期

底径 5 厘米，残高 30 厘米

1997 年出土于山西省运城市垣曲县宁家坡遗址，现存于山西省考古研究院

泥质浅红陶。环形口，束颈，溜肩，斜弧腹较深。器表磨光。

(Q2:51)

(T0236 ③ :16)

仰韶早期

2020 年出土于山西省运城市夏县师村遗址，
现存于吉林大学考古学院山西运城夏县田野
考古实践教学基地

　　泥质红陶，仅存口沿外侧。敛口，口外
侧饰黑彩斜线、对顶三角等组成的纹饰。

敛口钵

敛口钵

(H168:1)

仰韶早期

2020年出土于山西省运城市夏县师村遗址，现存于吉林大学考古学院山西运城夏县田野考古实践教学基地

　　泥质红陶。口微敛，尖圆唇，深弧腹，小平底。口沿外侧有一圈深红色宽带纹。

仰韶早期

2020 年出土于山西省运城市夏县师村遗址，
现存于吉林大学考古学院山西运城夏县田野
考古实践教学基地

泥质红陶。口微敛，深弧腹，小平底。

上腹饰褐彩宽带纹。

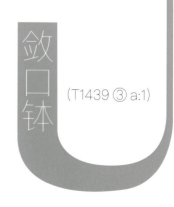

敛口钵

(T1439 ③ a:1)

仰韶早期

口径 23.4 厘米，底径 6.5 厘米，通高 9.7 厘米

2020 年出土于山西省运城市夏县师村遗址，
现存于吉林大学考古学院山西运城夏县田野考
古实践教学基地

泥质红陶。口微敛，尖圆唇，圆弧腹，小平
底。素面。

敛口钵

(T0437 ③ a:1)

敛口钵

(T0437 ③ a:5)

仰韶早期

口径 26.3 厘米，通高 12.9 厘米

2020年出土于山西省运城市夏县师村遗址，
现存于吉林大学考古学院山西运城夏县田野
考古实践教学基地

　　泥质红陶。敛口，尖圆唇，圆弧腹，小
平底。素面。

敛口钵

(T0437④:2)

仰韶早期

2020 年出土于山西省运城市夏县师村遗址，现存于吉林大学考古学院山西运城夏县田野考古实践教学基地。

泥质红陶。口微敛，尖圆唇，深弧腹，小平底。口沿下饰红彩宽带纹。

仰韶早期

口径 16.2 厘米，底径 3.1 厘米，通高 5.5 厘米

2020 年出土于山西省运城市夏县师村遗址，
现存于吉林大学考古学院山西运城夏县田野考
古实践教学基地

泥质红陶。敞口，尖圆唇，弧腹，小平底。
素面。

敞口钵

仰韶早期

口径 36 厘米，腹径 32 厘米，高 15.5 厘米

2020 年出土于山西省运城市夏县师村遗址，
现存于吉林大学考古学院山西运城夏县田野
考古实践教学基地

泥质红陶。圆唇，折沿，弧腹，底残。

口沿外侧施黑彩，上腹饰黑彩对顶三角纹饰。

折沿盆

2020 年出土于山西省运城市夏县师村遗址，现存于吉林大学考古学院山西运城夏县田野考古实践教学基地

假圈足碗

（T0437 ④ :2）

泥质红陶。敞口，尖圆唇，斜弧腹，假圈足。口沿下有横向旋抹痕迹。

仰韶早期

2020 年出土于山西省运城市夏县师村遗址，
现存于吉林大学考古学院山西运城夏县田野考
古实践教学基地

夹砂红陶，捏制。喇叭口，斜腹，假圈足。
器表周身有横向旋抹痕迹。

仰韶早期

2020 年出土于山西省运城市夏县师村遗址，
现存于吉林大学考古学院山西运城夏县田野考
古实践教学基地

夹砂褐陶。铁轨口，深腹，上腹圆鼓，下
腹弧收，小平底。口沿下饰数圈弦纹。

深腹罐 (H168:2)

深腹罐
(G23:17)

仰韶早期

口径 18 厘米，最大腹径 24 厘米，
底径 10.5 厘米，通高 22.3 厘米

2020 年出土于山西省运城市夏县师村遗址，
现存于吉林大学考古学院山西运城夏县田野考
古实践教学基地

　　夹砂褐陶。敞口，尖圆唇，束颈，深鼓腹，
小平底。上腹饰数圈弦纹。

仰韶早期

2020 年出土于山西省运城市夏县师村遗址，
现存于吉林大学考古学院山西运城夏县田野考
古实践教学基地

　　夹砂褐陶。敞口，圆唇，束颈，鼓腹下斜收，
平底。上腹饰数圈弦纹。

(T1239 ③ b:2)

器盖

(T0338 ③ :2)

仰韶早期

口径 9.2 厘米，通高 2.9 厘米

2020 年出土于山西省运城市夏县师村遗址，
现存于吉林大学考古学院山西运城夏县田野
考古实践教学基地

夹砂褐陶。盔状，环状钮。

仰韶早期

2020 年出土于山西省运城市夏县师村遗址，
现存于吉林大学考古学院山西运城夏县田野考
古实践教学基地

夹砂红褐陶。盔状，环状钮。器表饰绳索
状附加堆纹。

器盖

(G23 ① :15)

石球
(G7:5)

仰韶早期

直径 3.3 厘米

2020 年出土于山西省运城市夏县师村遗址，
现存于吉林大学考古学院山西运城夏县田野
考古实践教学基地

灰色砂岩。近圆形。

仰韶早期

最长 18 厘米，最宽 8.6 厘米，厚 0 ～ 1.4 厘米

2020 年出土于山西省运城市夏县师村遗址，
现存于吉林大学考古学院山西运城夏县田野考
古实践教学基地

褐色砂岩。两面琢磨，器体扁薄。梯形，

双面刃。

(T1342 ③ b:1)

骨簪

(T1142 ③ b:14)

仰韶早期

长 14.6 厘米

2020 年出土于山西省运城市夏县师村遗址，现存于吉林大学考古学院山西运城夏县田野考古实践教学基地

磨制而成。圆锥形，尖端较细，柄端保留部分原始关节。

仰韶早期

2020年出土于山西省运城市夏县师村遗址，
现存于吉林大学考古学院山西运城夏县田野
考古实践教学基地

磨制而成。两端细，中间较粗。

磨制骨器

(T1441②:3)

敛口钵

(W3:2)

仰韶早期

口径 22.8 厘米，底径 7.6 厘米，通高 11.2 厘米

2004 年出土于山西省运城市芮城县清凉寺墓地，
现存于山西省考古研究院

泥质红陶，陶色不匀。敛口，圆唇，深弧腹，
小平底。口沿外侧磨光。

仰韶早期

口径 32 厘米，通高 16 厘米

2004 年出土于山西省运城市芮城县清凉寺墓地，
现存于山西省考古研究院

泥质红陶。口微敛，尖圆唇，深弧腹，小平底。

器表磨光。

敛口钵

(W4:2)

仰韶早期

口径 30 厘米，底径 12 厘米，通高 18 厘米

2004 年出土于山西省运城市芮城县清凉寺墓地，
现存于山西省考古研究院

泥质红陶。口微敛，尖圆唇，深弧腹，小平底。
口沿外饰一周红彩宽带。

仰韶早期

口径 35.2 厘米，通高 18.5 厘米

2004 年出土于山西省运城市芮城县清凉寺墓地，
现存于山西省考古研究院

泥质红陶。口微敛，圆唇，深弧腹，小平底。
器表磨光。

敛口钵 (W5:2)

敛口钵

(W6:2)

仰韶早期

口径 26.2 厘米，底径 11.8 厘米，通高 37.8 厘米

2004 年出土于山西省运城市芮城县清凉寺墓地，
现存于山西省考古研究院

泥质红陶。口微敛，尖圆唇，深弧腹，小平底。

器表磨光。

仰韶早期

口径 28.8 厘米，最大腹径 32.2 厘米，
底径 12.2 厘米，通高 33 厘米

2004 年出土于山西省运城市芮城县清凉寺墓地，
现存于山西省考古研究院

深腹罐
(W4:1)

泥质褐陶。铁轨口，深弧腹，下部弧收，小
平底。器身饰左斜向绳纹。

仰韶早期

口径 23.2 厘米，最大腹径 25.8 厘米，
底径 10.2 厘米，通高 29.6 厘米

2004 年出土于山西省运城市芮城县清凉寺墓地，
现存于山西省考古研究院

夹砂红褐陶。铁轨口，深弧腹，下部弧收，
小平底。上部饰数圈弦纹。

仰韶早期

口径 26.2 厘米，最大腹径 31.8 厘米，
底径 11.8 厘米，通高 37.8 厘米

2004 年出土于山西省运城市芮城县清凉寺墓地，
现存于山西省考古研究院

夹砂褐陶。铁轨口，深弧腹，下部弧收，小
平底。上部饰数圈弦纹。

深腹罐 (M6:1)

仰韶早期

口径 31 厘米，最大腹径 35.5 厘米，
底径 12 厘米，通高 34.8 厘米

2004 年出土于山西省运城市芮城县清凉寺墓地，
现存于山西省考古研究院

夹砂褐陶。敛口，圆唇，深弧腹，下部弧收，
小平底。器表饰左斜向绳纹。

(M7:1)

深腹罐

仰韶早期

口径 21.6 厘米，最大腹径 28 厘米，
底径 8.5 厘米，通高 31 厘米

2004 年出土于山西省运城市芮城县清凉寺墓地，
现存于山西省考古研究院

　　夹砂褐陶。敛口，尖圆唇，深鼓腹，下部弧
收，小平底。上部饰弦纹。

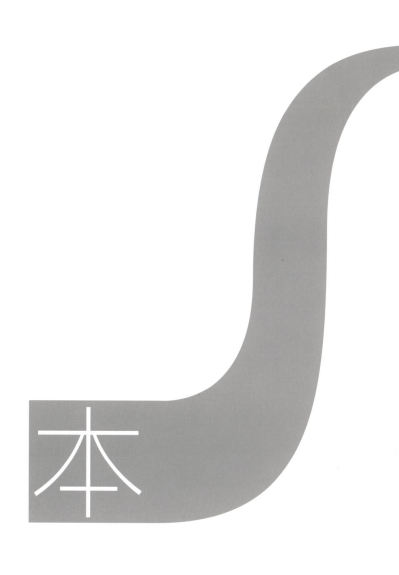

本

　　进入仰韶时代中期，粟作农业发展成熟，发源于晋、陕、豫交汇地带的西阴文化顺势崛起，迎来了公元前四千纪的大繁荣，聚落数量和规模大幅增长，先民的精神文化生活更趋丰富，艺术思想空前爆发，夏县西阴、垣曲下马、临汾桃园等遗址出土的彩陶尤为夺目。这一时期，以地纹为主要表现形式的花瓣纹彩陶广泛传播，东进海岱，北上阴山，西入陇山，南下江南，足迹遍及大江南北和长城内外。借助山西串珠式的文化大通道，花瓣纹彩陶一路向北，与南下的红山文化于太行山脚下相遇，上演了一场"华山玫瑰燕山龙"的美丽邂逅，溅出了中华大地上空前繁荣的文明火花。

敛口钵

(94XXIIH26:2)

仰韶中期

口径 26.4 厘米，底径 11 厘米，高 11.5 厘米

1994 年出土于山西省运城市夏县西阴遗址，现存于山西省考古研究院

泥质红陶。敛口，圆唇，弧腹下收，小平底。上腹饰黑彩的圆点勾叶纹、垂弧纹等组成的纹饰。

仰韶中期

仰韶中期

口径 23 厘米，底径 10.5 厘米，
通高 10.4 ～ 10.8 厘米

1926 年出土于山西省运城市夏县西阴遗址，
现存于山西博物院

敛口钵

细泥红陶。口微敛，圆唇，上腹微鼓，

下部斜收，平底。上腹饰黑彩圆点纹、横线

纹、半边弧边三角纹等组成的图案。

敛口钵

(H34:1)

仰韶中期

口径 18.2 厘米，底径 6 厘米，通高 6.8 厘米

1994 年出土于山西省运城市夏县西阴遗址，
现存于山西省考古研究院

　　泥质红陶。敛口，圆唇，深弧腹，小平底。
口沿下饰红彩宽带。

仰韶中期

口径 18.2 厘米，底径 7.7 厘米，通高 8.4 厘米

1994 年出土于山西省运城市夏县西阴遗址，
现存于山西省考古研究院

　　泥质红陶。敛口，圆唇，上腹微鼓，下部
斜收，小平底。口沿外饰黑彩窄带。

仰韶中期

口径 14.5 厘米，底径 6.5 厘米，通高 9 厘米

1994 年出土于山西省运城市夏县西阴遗址，现存于山西省考古研究院

　　泥质红陶。敛口，尖圆唇，弧腹，小平底。素面。

仰韶中期

口径 25 厘米，底径 11.5 厘米，通高 13 厘米

1994 年出土于山西省运城市夏县西阴遗址，
现存于山西省考古研究院

泥质红陶。敛口，圆唇，弧腹，平底。素面。

敛口钵 (94XXIIH4:5)

敛口钵
(94XXIIH39:7)

口径 15.8 厘米，底径 6.5 厘米，通高 6 厘米

1994 年出土于山西省运城市夏县西阴遗址，
现存于山西省考古研究院

泥质红陶。敛口，圆唇，浅弧腹，平底。素面。

仰韶中期

口径 25.3 厘米，底径 11.5 厘米，通高 12.2 厘米

1994 年出土于山西省运城市夏县西阴遗址，
现存于山西省考古研究院

敛口钵
（西阴村东北大灰坑出土）

泥质灰陶。敛口，圆唇，深弧腹，小平底。

素面。

敛口钵

(94XXIIH30:14)

口径 20.7 厘米，底径 11 厘米，通高 9.7 厘米

1994 年出土于山西省运城市夏县西阴遗址，
现存于山西省考古研究院

泥质红陶。敛口，圆唇，深弧腹，平底。素面。

仰韶中期

口径 14.5 厘米，底径 7.5 厘米，通高 7 厘米

1994 年出土于山西省运城市夏县西阴遗址，
现存于山西省考古研究院

泥质红陶。敛口，圆唇，圆腹斜收，小
平底。素面。

敛口钵

仰韶中期

口径 15.4 厘米，通高 5.1 厘米

1994 年出土于山西省运城市夏县西阴遗址，
现存于山西省考古研究院

泥质红陶。敛口，圆唇，浅弧腹，小平底。

素面。

敞口钵

(94XXIIF1:2)

仰韶中期

口径 35 厘米，底径 15 厘米，通高 16 厘米

1994 年出土于山西省运城市夏县西阴遗址，
现存于山西省考古研究院

泥质红陶。圆唇，平折沿，深弧腹，
小平底。素面。

折沿盆
(94XXIIH35:8)

仰韶中期

口径 26.5 厘米，底径 14 厘米，通高 8.5 厘米

1994 年出土于山西省运城市夏县西阴遗址，
现存于山西省考古研究院

泥质红陶。圆唇，折沿内倾，浅斜腹，平底。
素面。

折沿盆

(94XXⅡH26:4)

仰韶中期

口径 35 厘米，底径 14 厘米，通高 15.3 厘米

1994 年出土于山西省运城市夏县西阴遗址，
现存于山西省考古研究院

　　泥质深红陶。圆唇，折沿，鼓腹弧收，平底。
上腹饰黑彩圆点、弧线、三角勾叶纹组成的复
合图案。

叠唇盆

(H34:5)

仰韶中期

口径 32 厘米，底径 13.5 厘米，通高 14 厘米

1994 年出土于山西省运城市夏县西阴遗址，
现存于山西省考古研究院

泥质红陶。敛口，叠唇，弧腹，平底。素面。

仰韶中期

口径 4.4 厘米，最大腹径 22.8 厘米，
底径 16 厘米，通高 64 厘米

1994 年出土于山西省运城市夏县西阴遗址，
现存于山西省考古研究院

　　泥质红陶。葫芦口，束颈，深腹，中
部微鼓，两侧置双环耳，平底。颈部饰横
向线纹，腹部饰左斜向线纹。

葫芦口瓶

(Y1:1)

深腹罐

(94XXIIH32:5)

仰韶中期

口径 34 厘米，通高 27.5 厘米

1994 年出土于山西省运城市夏县西阴遗址，
现存于山西省考古研究院

泥质褐陶。敞口，尖圆唇，鼓肩，深弧腹，
小平底。腹部饰左斜向的线纹。

仰韶中期

口径 27.7 厘米，底径 17.5 厘米，通高 42 厘米

1994 年出土于山西省运城市夏县西阴遗址，
现存于山西省考古研究院

泥质灰陶。圆唇，折沿，鼓腹较深，下部弧收，
平底。器身饰左斜向的线纹。

深腹罐

(94XXIIH33:5)

91

鼓肩罐

(94XXIIH26:3)

仰韶中期

口径 14.5 厘米，底径 13 厘米，通高 27.8 厘米

1994 年出土于山西省运城市夏县西阴遗址，
现存于山西省考古研究院

泥质褐陶。敞口，圆唇，束颈，鼓肩，下
部斜收，平底。素面。

仰韶中期

口径 23.5 厘米，底径 10.7 厘米，通高 18.5 厘米

1994 年出土于山西省运城市夏县西阴遗址，
现存于山西省考古研究院

鼓腹罐

(H32:1)

泥质褐陶。圆唇，折沿，鼓腹，最大径居中，
小平底。素面。

器盖

(H39:19)

仰韶中期

底径 26 厘米，通高 12 厘米

1994 年出土于山西省运城市夏县西阴遗址，
现存于山西省考古研究院

泥质褐陶。圆唇，盔状，顶部有一对穿孔。
素面。

石
铲
(T2 ③ :12)

仰韶中期

长 12.5 厘米

1994 年出土于山西省运城市夏县西阴遗址,
现存于山西省考古研究院

　　红褐砂岩,琢磨而成。呈梯形,双面刃,
刃部宽于柄端。

敛口钵

(H215)

仰韶中期

口径 20 厘米，底径 9 厘米，通高 7 厘米

2022 年出土于山西省运城市夏县辕村遗址，
现存于山西省考古研究院

　　泥质红陶。敛口，尖圆唇，折腹，下部斜收，
小平底。上腹饰黑彩弧线三角、垂弧纹组成的
纹饰。

仰韶中期

口径 20 厘米，底径 9 厘米，通高 8 厘米

2022 年出土于山西省运城市夏县辕村遗址，
现存于山西省考古研究院

　　泥质红陶。敛口，尖圆唇，折腹，下部斜收，
小平底。上腹部饰黑彩弧边三角、圆点、弧线
组成的图案。

敛口钵 (H417)

敛口钵

(H215)

仰韶中期

口径 12 厘米，底径 4 厘米，通高 5 厘米

2022 年出土于山西省运城市夏县辕村遗址，
现存于山西省考古研究院·

泥质深红陶。敛口，尖圆唇，弧腹，底
内凹。素面。

仰韶中期

口径 18 厘米，底径 7 厘米，通高 8 厘米

2022 年出土于山西省运城市夏县辕村遗址，现存于山西省考古研究院

泥质红陶。口微敛，尖圆唇，深弧腹，小平底。器表磨光。

敛口钵

(H215)

折沿盆
(H117)

仰韶中期

口径 22 厘米，底径 7.5 厘米，通高 8 厘米

2022 年出土于山西省运城市夏县辕村遗址，
现存于山西省考古研究院

泥质红陶。圆唇，平折沿，弧腹，小平底。
素面。

仰韶中期

底径 9 厘米，残高 35 厘米

2022 年出土于山西省运城市夏县辕村遗址，
现存于山西省考古研究院

　　泥质红陶。口已残，细颈，深腹，中上
部对称置桥形耳，平底。瓶身饰左斜向线纹。

平底瓶

仰韶中期

口径 5.5 厘米，底径 3 厘米，通高 6 厘米

2022 年出土于山西省运城市夏县辕村遗址，
现存于山西省考古研究院

泥质灰陶。喇叭口，圆唇，束腰，平底。
器表饰弦纹。

仰韶中期

口径 5 厘米，底径 3 厘米，通高 5.5 厘米

2022 年出土于山西省运城市夏县辕村遗址，
现存于山西省考古研究院

夹砂黑皮陶。喇叭口，束腰。器表磨光。

折沿盆

口径 30.9 厘米，底径 10.8 厘米，通高 12.2 厘米

2004 年出土于山西省运城市夏县崔家河遗址，
现存于山西博物院

　　泥质红陶。圆唇，平折沿，腹微鼓，下部斜收，
平底。口沿饰黑彩，上腹施白陶衣，陶衣上绘黑
彩勾叶纹和弧边三角纹。

仰韶中期

口径 31 厘米，底径 15.6 厘米，通高 22.1 厘米

2004 年出土于山西省运城市夏县崔家河遗址，
现存于山西博物院

　　泥质红陶。圆唇，折沿，鼓腹下收，平底。
口沿饰黑彩，上腹绘黑彩勾叶纹、圆点纹、弧
边三角纹。

敛口钵
(T25)

仰韶中期

口径 12.6 厘米，最大腹径 25.5 厘米，
底径 10.3 厘米，高 23 厘米

1957 年出土于山西省运城市垣曲县下马遗址，
现存于山西省考古研究院

泥质红陶。敛口，圆唇，上腹鼓凸，下腹斜收，
平底。唇部饰一周黑彩窄带纹。

仰韶中期

口径 24.5 厘米，腹径 26 厘米，
底径 9.6 厘米，高 13.1 厘米

1957 年出土于山西省运城市垣曲县下马遗址，
现存于山西省考古研究院

　　泥质红陶。敛口，尖圆唇，上腹微鼓，下
腹斜收，平底。唇部饰黑彩窄带纹。

仰韶中期

口径 22 厘米，底径 11 厘米，通高 13 厘米

1957 年出土于山西省运城市垣曲县下马遗址，
现存于山西省考古研究院

泥质红陶。敛口，圆唇，上腹微鼓，下腹斜收，
平底。器表磨光，口沿外唇部饰一圈黑彩窄带纹。

敛口钵

仰韶中期

口径 25 厘米，底径 8.6 厘米，通高 12.8 厘米

1957 年出土于山西省运城市垣曲县下马遗址，
现存于山西省考古研究院

泥质红陶。敛口，圆唇，弧腹斜收，平底。
器表磨光。

敛口钵

(H3)

敛口钵
(H33)

仰韶中期

口径 14.4 厘米，底径 4.5 厘米，通高 4 厘米

1957 年出土于山西省运城市垣曲县下马遗址，
现存于山西省考古研究院

泥质浅红陶。敛口，尖圆唇，浅弧腹，小平底。
素面。

仰韶中期

口径 21.5 厘米，底径 10.7 厘米，通高 7.5 厘米

1957 年出土于山西省运城市垣曲县下马遗址，
现存于山西省考古研究院

假圈足碗
(T3④)

泥质红陶。敞口，圆唇，弧腹，假圈足。素面。

叠唇盆

(H1)

仰韶中期

口径 25 厘米，底径 10 厘米，通高 12.3 厘米

1957 年出土于山西省运城市垣曲县下马遗址，现存于山西省考古研究院

泥质红陶。敞口，叠唇，斜腹，平底。素面。

仰韶中期

口径 27 厘米，底径 9.5 厘米，通高 13 厘米

1957 年出土于山西省运城市垣曲县下马遗址，
现存于山西省考古研究院

折腹盆

（采：30）

泥质红陶。直口，窄平沿，折腹，下部急收，
小平底。上腹有横向旋抹痕迹。

折沿盆

(2000YXT2H3)

仰韶中期

口内径 26.5 厘米，沿宽 4.5 厘米，最大腹径 34 厘米，
底径 12 厘米，通高 22 厘米

1957 年出土于山西省运城市垣曲县下马遗址，
现存于山西省考古研究院

泥质橘红陶。圆唇，外折沿，口沿部不平整，上腹
圆鼓，下腹曲收，平底。沿面至沿边饰一周黑彩，上腹
部饰黑彩对顶三角纹、连弧纹、圆点、勾叶纹、横线穿
圆点纹、窄带纹组成的复合纹饰。

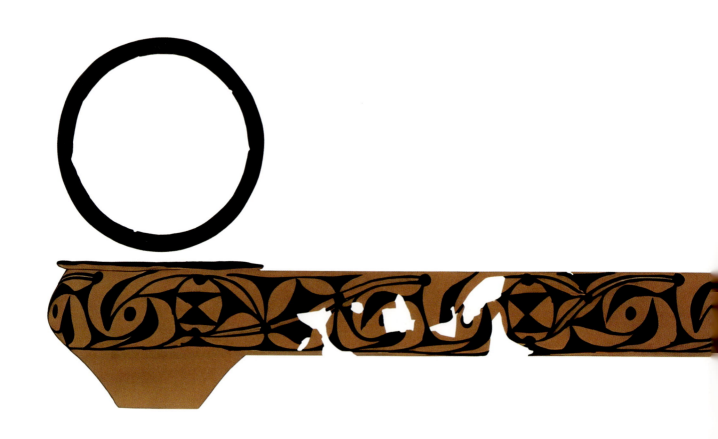

117

折沿盆
(H114)

仰韶中期

口径 23.6 厘米，底径 9.7 厘米，通高 15.3 厘米

1957 年出土于山西省运城市垣曲县下马遗址，
现存于山西省考古研究院

泥质红陶。圆唇，折沿，鼓腹下斜收，平底。
上腹饰黑彩弧边三角、平行线纹、勾叶纹组成
的复合纹饰。

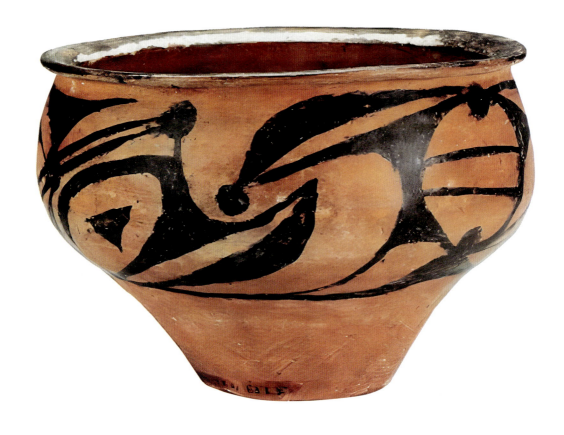

仰韶中期

口径 26.3 厘米，底径 10.5 厘米，高 17.5 厘米

1957 年出土于山西省运城市垣曲县下马遗址，
现存于山西省博物院

折沿盆

泥质深红陶。圆唇，折沿，上腹外鼓，下腹曲收，
小平底。口沿饰一周黑彩窄带，上腹饰黑彩弧边三角、
斜线、圆点组成的图案。

尖底瓶
(W1)

仰韶中期

口径 7.2 厘米，通高 84 厘米

1957 年出土于山西省运城市垣曲县下马遗址，现存于山西省考古研究院

泥质红陶。双唇，束颈，溜肩，深腹，腹部中间内凹呈亚腰形，尖底略残。器身饰左斜向线纹。

仰韶中期

口径 6.8 厘米，通高 65 厘米

1957 年出土于山西省运城市垣曲县下马遗址，
现存于山西省考古研究院

泥质红陶。双唇，束颈，溜肩，深腹，底残。
器身饰左斜向线纹。

尖底瓶

(W7)

仰韶中期

口径 3.4 厘米，通高 79 厘米

1957 年出土于山西省运城市垣曲县下马遗址，
现存于山西省考古研究院

泥质红陶。双唇，束颈，溜肩，深腹近直，尖
底较钝。器身被切割为上下两部分，饰线纹。

(W9)　尖底瓶

葫芦口瓶

仰韶中期

口径 3 厘米，底径 12 厘米，通高 36 厘米

1957 年出土于山西省运城市垣曲县下马遗址，
现存于山西博物院

　　泥质红陶。葫芦口，束颈，溜肩，直腹，
腹上部附对称的桥形耳，平底。上腹饰两组黑
彩弧边三角组成的单旋纹，下腹饰线纹。

仰韶中期

1957 年出土于山西省运城市垣曲县下马遗址，
现存于山西省考古研究院

夹砂红陶。葫芦口，束直径，圆肩，肩部
附一个竖桥形耳，鼓腹下斜收，平底。肩部、
上腹部以白彩为地，绘黑彩弧边三角、横线和
红色圆点组成的复合纹饰。

葫芦口瓶

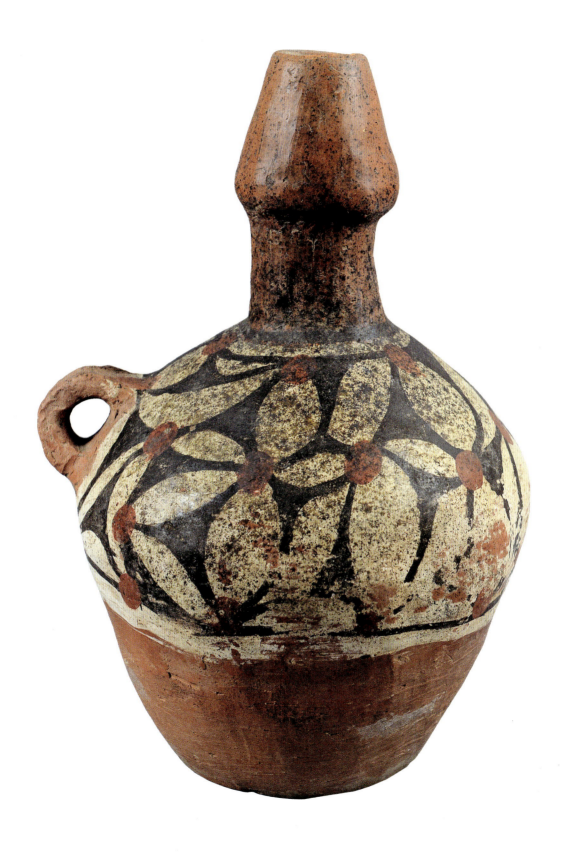

仰韶中期

口径 14.7 厘米，底径 14.5 厘米，高 21 厘米

1957 年出土于山西省运城市垣曲县下马遗址，
现存于山西博物院

　　细泥质深红陶。圆唇，斜折沿，鼓肩，下腹
内收，平底。口沿饰一周黑彩带，口内壁绘一周
黑彩竖条纹，肩、腹饰黑彩弧边三角、圆点、轮
状纹组成的图案，图案下以一周黑彩窄带收边。

弦纹罐
(H67)

仰韶中期

口径 18 厘米，底径 6.5 厘米，通高 65 厘米

1957 年出土于山西省运城市垣曲县下马遗址，
现存于山西省考古研究院

　　夹砂褐陶。圆唇，折沿，折腹，下部斜收，
平底。上腹饰弦纹。

仰韶中期

口径 18.3 厘米，底径 9.8 厘米，通高 17 厘米

1957 年出土于山西省运城市垣曲县下马遗址，
现存于山西省考古研究院

夹砂褐陶。方唇，折沿，束颈，鼓腹下斜收，
平底。素面。

鼓腹罐

(T20)

敛口瓮

仰韶中期

1957 年出土于山西省运城市垣曲县下马遗址，
现存于山西省考古研究院

　　夹砂红陶。敛口，圆唇，溜肩，上腹外鼓，下腹斜收，平底。肩部及鼓腹位置以白彩为地，绘黑彩弧边三角、圆点联缀的复合图案，下部以一圈黑彩线纹收边。

敛口钵 (H30:9)

口径 17 厘米，底径 7 厘米，高 7.3 厘米

2002 年出土于山西省运城市垣曲县上亳遗址，
现存于山西省考古研究院

　　泥质黄橙陶，陶色发白。口微敛，圆唇，
折腹下斜收，平底。口沿绘褐色条带纹，上腹
绘褐彩网格纹，绘画不甚规整，彩带伸出边外。

仰韶中期

口径 15 厘米，底径 6 厘米，高 8 厘米

2002 年出土于山西省运城市垣曲县上亳遗址，
现存于山西省考古研究院

泥质红陶，陶色不均。口微敛，圆唇，上
腹微弧，下腹斜收，平底。腹部以黑彩绘弧边
三角形、斜线、横线组成的图案。

敛口钵

(H83:22)

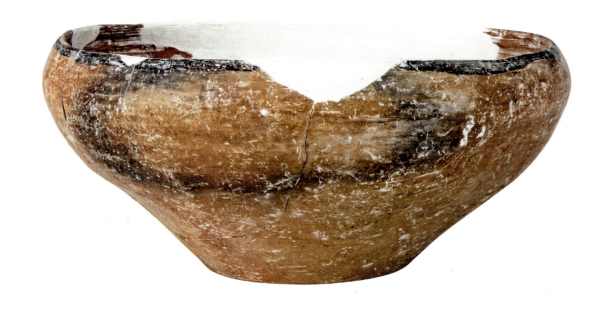

仰韶中期

口径 19.5 厘米，底径 8 厘米，通高 9 厘米

2002 年出土于山西省运城市垣曲县上亳遗址，
现存于山西省考古研究院

　　泥质红陶。敛口，圆唇，上腹微弧，下腹
微内曲，平底。口外饰一周窄黑彩带，腹部绘
圆弧形纹饰。

(H83:20)

敛口钵

仰韶中期

口径 36 厘米，底径 7.5 厘米，通高 17 厘米

2002 年出土于山西省运城市垣曲县上亳遗址，
现存于山西省考古研究院

敞口钵
(Y301:3)

　　泥质红陶，陶色不匀。敞口，圆唇，弧腹，
小平底。器表磨光，口沿外饰一周红彩带。

仰韶中期

口径 33 厘米，底径 14.8 厘米，通高 19.5 厘米

2002 年出土于山西省运城市垣曲县上亳遗址，
现存于山西省考古研究院

泥质红陶。敛口，叠唇，弧腹下收，小平底。

上腹部有附加堆纹。

仰韶中期

口径 34 厘米，残高 8.5 厘米

2002 年出土于山西省运城市垣曲县上亳遗址，
现存于山西省考古研究院

泥质红陶。敛口，厚叠唇，唇部突出于口
沿外，深弧腹，平底。器表磨光。

叠唇盆

(H33:10)

器表磨光。

仰韶中期

口径 46 厘米，残高 9.4 厘米

2002 年出土于山西省运城市垣曲县上亳遗址，
现存于山西省考古研究院

泥质红褐陶。敛口，叠唇，斜腹，平底。

器表磨光。

仰韶中期

口径 30.4 厘米，底径 11.6 厘米，通高 22.8 厘米

2002 年出土于山西省运城市垣曲县上亳遗址，
现存于山西省考古研究院

折沿盆

(H73:8)

泥质红陶。圆唇，折沿，折肩深腹，下腹急收，
平底。器表磨光。

仰韶中期

口径 24 厘米，底径 9.2 厘米，高 17.6 厘米

2002 年出土于山西省运城市垣曲县上毫遗址，
现存于山西省考古研究院

　　泥质红陶。圆唇，折沿略窄，上腹圆鼓，
下腹斜收，平底。器表磨光，口沿边缘施黑彩带，
上腹绘黑彩弧边三角纹和斜线纹组成的图案，
外底有划痕。

仰韶中期

长 8 厘米，宽 3.5 厘米

2002 年出土于山西省运城市垣曲县苗圃遗址，
现存于山西省考古研究院

黑色砂岩，磨制光滑。直背，双面刃，靠

近背部中间有一穿孔。

(T103 ⑥ :33)

石铲

仰韶中期

残长 16 厘米，最宽 16.5 厘米

2002 年出土于山西省运城市垣曲县苗圃遗址，
现存于山西省考古研究院

红褐色砂岩，磨制光滑。残留刃部，近梯形，
薄弧刃，左侧有浅细划痕。

仰韶中期

长 10.5 厘米，宽 4.5 厘米

2002 年出土于山西省运城市垣曲县苗圃遗址，
现存于山西省考古研究院

青色砂岩，琢磨而成。长条形，平底，斜刃，

刃部光滑。

(T103 ⑥ :42)

石锛

仰韶中期

长 9 厘米，宽 7 厘米

2002 年出土于山西省运城市垣曲县苗圃遗址，
现存于山西省考古研究院

青色砂岩，琢磨而成。梯形，上窄下宽，直刃。

仰韶中期

长 14 厘米，宽 5 厘米

2002 年出土于山西省运城市垣曲县苗圃遗址，
现存于山西省考古研究院

  青色砂岩，磨制。长条形，弧顶，弧刃，
体较厚。

石锤 (T107 ④ :18)

仰韶中期

长 10 厘米，宽 6 厘米

2002 年出土于山西省运城市垣曲县苗圃遗址，
现存于山西省考古研究院

灰色砂岩。梯形。

(T104 ⑥ :12)

石杵

仰韶中期

残长 11 厘米

2002 年出土于山西省运城市垣曲县苗圃遗址，
现存于山西省考古研究院

灰色砂岩。长条状。

石杵
(H112:16)

仰韶中期

长 2 厘米，宽 1 厘米

2002 年出土于山西省运城市垣曲县苗圃遗址，
现存于山西省考古研究院

灰色砂岩，磨制。扁平体，尖锋，双面双侧刃。

器身残留浅细划纹，上部两侧有对称缺口。

石镞

(T107④)

仰韶中期

长 5 厘米，宽 2 厘米

2002 年出土于山西省运城市垣曲县苗圃遗址，
现存于山西省考古研究院

灰色砂岩，磨制。扁平体，长尖锋，双面
双侧刃。器身两侧残留浅细的锉磨痕迹。

(H118:12) 石镞

仰韶中期

长 4.3 厘米

2002 年出土于山西省运城市垣曲县苗圃遗址，
现存于山西省考古研究院

磨制。圆锥体，尖端较钝。

磨石
(T105 ④)

仰韶中期

长 5.5 厘米，宽 2 厘米

2002 年出土于山西省运城市垣曲县苗圃遗址，
现存于山西省考古研究院

青灰色砂岩，磨制。长条形。器表残留左

斜向划纹。

仰韶中期

直径 5 厘米

2002 年出土于山西省运城市垣曲县苗圃遗址，
现存于山西省考古研究院

　　泥质红陶。近圆形，边缘有打制的疤片，
棱角分明，局部残留原器口沿。器表饰黑彩弧
线三角纹。

仰韶中期

直径 4.5 厘米

2002 年出土于山西省运城市垣曲县苗圃遗址，
现存于山西省考古研究院

　　泥质红陶。近圆形，边缘有打制的疤片，
棱角分明。器表饰黑彩弧线三角纹。

仰韶中期

直径 6 厘米

2002 年出土于山西省运城市垣曲县苗圃遗址，
现存于山西省考古研究院

泥质红陶。近圆形，棱角分明。器表可见
黑彩窄带。

圆陶片

(T103 ⑥ :17)

圆陶片

(F101:3)

仰韶中期

直径 6 厘米

2002 年出土于山西省运城市垣曲县苗圃遗址，
现存于山西省考古研究院

泥质红陶。近圆形，饰黑彩弧线三角纹。

160

仰韶中期

直径 3 厘米

2002 年出土于山西省运城市垣曲县苗圃遗址，
现存于山西省考古研究院

圆陶片

(H118 ①)

夹砂红褐陶。圆形，饰线纹。

仰韶中期

直径 4 厘米

2002 年出土于山西省运城市垣曲县苗圃遗址，
现存于山西省考古研究院

泥质橙红陶。近圆形，一侧饰红彩宽带。

口内径 33.2 厘米，沿宽 2.3 厘米，
底径 12.9 厘米，通高 14.7～15.2 厘米

山西省运城市芮城县采集，
现存于山西省考古研究院

折沿盆

(PII35H2)

泥质橘红陶。圆唇，宽折沿，弧腹下收，平底略凹。

沿面饰黑彩连弧三角纹，唇部饰一周黑彩，腹部饰三组简

化的黑彩连续变体鱼纹。

仰韶中期

口径 35.5 厘米，底径 15.5 厘米，通高 45.8 厘米

1987 年出土于山西省运城市芮城县金盛庄遗址，
现存于山西省考古研究院。

泥质红陶。敞口，圆唇，束颈，鼓肩，深曲腹，
小平底。肩部及上腹饰黑彩弧线三角组成的纹饰。

仰韶中期

口径 21 厘米，高 11 厘米

1956 年出土于山西省晋南专区永济县(今运城市永济市)石庄遗址，
现存于山西博物院

细泥红陶。口微敛，圆唇，鼓腹下曲收，平底。上腹部以黑
彩绘三角涡纹。

敛口钵

口径 22.2 厘米，底径 10.4 厘米，高 10.5 厘米

1931 年出土于山西省万泉县（今运城市万荣县）荆村遗址，
现存于山西博物院

　　细泥红陶。敛口，圆唇，鼓腹，下收，平底。上腹
部绘黑彩圆点、弧边三角组成的图案，下部以一圈黑彩
窄带收边。

仰韶中期

仰韶中期

口径 21.2 厘米，底径 7.8 厘米，高 10.3 厘米

1931 年出土于山西省万泉县（今运城市万荣县）荆村遗址，
现存于山西博物院

细泥红陶。口微敛，圆唇，鼓腹下曲收，小平底。

上腹绘黑彩弧边三角纹的组合图案，外以白彩勾边。

仰韶中期

口径 33.5 厘米，底径 11.5 厘米，高 20 厘米

1931 年出土于山西省万泉县（今运城市万荣县）荆村遗址，现存于山西博物院

泥质橘黄陶。圆唇，折沿，上腹外鼓，下
腹曲收，平底。上腹绘黑彩圆点、直线、弧边
三角、勾叶纹等组成的图案。

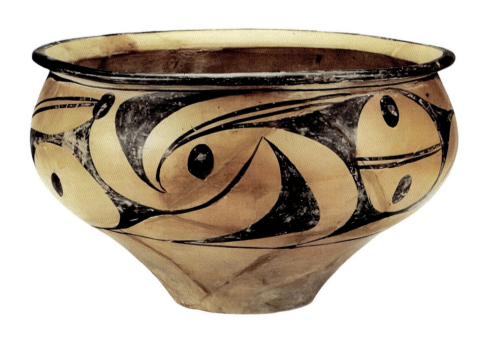

敛口钵
(H15:9)

仰韶中期

口径 30 厘米，最大腹径 39 厘米，
底径 11.5 厘米，高 25.8 厘米

1989 年出土于山西省运城市河津市固镇遗址，
现存于山西省考古研究院

　　细泥红陶。敛口，方圆唇，上腹微鼓，下
腹曲收，小平底。器表中心饰黑彩勾叶构成的
两个圆圈，内填两条平行斜线，在上、下缀以
圆点，圆圈两旁饰凹边三角纹。

仰韶中期

口径 20 厘米，腹径 20.5 厘米，
底径 7.5 厘米，高 8.5 厘米

1989 年出土于山西省运城市河津市固镇遗址，
现存于山西省考古研究院

　　细泥红陶。敛口，尖圆唇，弧腹斜收，平底。
器表饰黑彩微垂弧边三角形、曲线、圆点组成
的复合纹饰。

敛口钵

(H16:3)

仰韶中期

口径 23 厘米，底径 8.5 厘米，通高 10.5 厘米

1989 年出土于山西省运城市河津市固镇遗址，
现存于山西省考古研究院

敛口钵
(H26:3)

　　泥质红陶。敛口，圆唇，上腹圆鼓，下腹斜收，平底。器表饰黑彩垂弧纹和凹、直边三角形纹组成的多方连续式图案。

仰韶中期

口径 17.8 厘米，底径 8.3 厘米，通高 8 厘米

2016 年出土于山西省临汾市尧都区桃园遗址，
现存于山西省考古研究院

　　泥质橙红陶。敞口，圆唇，弧腹内收，平底微凹。口沿外饰一圈黑彩带，器身饰黑彩勾叶纹、弧线、圆点、竖线等组成的五分式图案。

仰韶中期

口径 23.6 厘米，底径 8.5 厘米，通高 10.5 厘米

2016 年出土于山西省临汾市尧都区桃园遗址，
现存于山西省考古研究院

泥质红陶。敛口，圆唇，弧腹，平底微凹。

唇部饰一周黑彩窄带纹。

仰韶中期

口径 21.9 厘米，最大腹径 22.5 厘米，
底径 7.5 厘米，高 8.3 厘米

2016 年出土于山西省临汾市尧都区桃园遗址，
现存于山西省考古研究院

泥质红陶。敛口，圆唇，弧腹，平底。上腹饰黑

彩弧边三角纹、圆点及窄带纹组成的图案。

敛口钵

仰韶中期

口径 21.2 厘米，最大腹径 21.8 厘米，
底径 8.3 厘米，高 8.4 厘米

2016 年出土于山西省临汾市尧都区桃园遗址，
现存于山西省考古研究院

敛口钵

泥质红陶。敛口，圆唇，弧腹，平底略凹。
上腹饰黑彩连弧三角、弧边三角组成的纹饰。

敛口钵

仰韶中期

口径 22.8 厘米，最大腹径 23.5 厘米，
底径 8.9 厘米，高 9 厘米

2016 年出土于山西省临汾市尧都区桃园遗址，
现存于山西省考古研究院

　　泥质红陶。敛口，圆唇，弧腹斜收，平底。唇部
饰一圈黑彩窄带，上腹部饰弧边三角、斜线穿圆点组
成的纹饰。

仰韶中期

口径 21.5 厘米，最大腹径 24 厘米，
底径 9 厘米，高 10 厘米

2016 年出土于山西省临汾市尧都区桃园遗址，
现存于山西省考古研究院

　　泥质橙红陶。敛口，圆唇，弧腹斜收，底微凹。
唇部饰一圈黑彩窄带，上腹部饰黑彩回旋弧边三角、
平行斜线、圆点、连弧纹组成的图案。

敛口钵

仰韶中期

口径 23 厘米，最大腹径 25 厘米，残高 8.5 厘米

2016 年出土于山西省临汾市尧都区桃园遗址，
现存于山西省考古研究院

　　泥质黄褐陶。敛口，圆唇，上腹外鼓，下腹斜收，
底已残。口沿饰一周黑彩窄带，上腹部饰黑彩对顶弧
边三角、圆点花瓣状纹饰组成的三分式图案。

仰韶中期

口径 22 厘米，最大腹径 23.7 厘米，
高 10.1 厘米，底径 9.4 厘米

2016 年出土于山西省临汾市尧都区桃园遗址，
现存于山西省考古研究院

　　泥质红陶。敛口，圆唇，上腹外鼓，下腹斜收，
平底。口沿饰一周黑彩窄带，上腹部饰黑彩对顶
弧边三角、圆点花瓣纹、圆点组成的纹饰。

敛口钵

仰韶中期

口径 22.5 厘米，最大腹径 24.6 厘米，
底径 8.5 厘米，高 11.9 厘米

2016 年出土于山西省临汾市尧都区桃园遗址，
现存于山西省考古研究院

　　泥质红陶。敛口，圆唇，弧腹斜收，平底。口沿
饰黑彩窄带，上腹饰黑彩弧边三角、圆点花瓣纹、圆
点、眼目纹组成的图案。

敛口钵

仰韶中期

口径 32.5 厘米，最大腹径 37.6 厘米，
底径 12.5 厘米，高 15.8 厘米

2016 年出土于山西省临汾市尧都区桃园遗址，
现存于山西省考古研究院

　　泥质浅黄陶。敛口，圆唇，上腹外鼓，下腹斜收，平底。唇部饰一周黑彩窄带，上腹饰黑彩勾叶纹、圆点、弧边三角组成的图案。

仰韶中期

口径 21.6 厘米，最大腹径 22.1 厘米，
底径 6.5 厘米，通高 10.9 厘米

2016 年出土于山西省临汾市尧都区桃园遗址，
现存于山西省考古研究院

敛口钵

　　泥质黄褐陶，深浅不均。敛口，尖圆唇，上腹外鼓，

下腹斜收，平底。唇部饰一周黑彩，上腹饰黑彩叶片纹、

弧边三角组成的图案。

仰韶中期

口径 27.7 厘米，最大腹径 28.7 厘米，
底径 11.8 厘米，通高 11.9 厘米

2016 年出土于山西省临汾市尧都区桃园遗址，
现存于山西省考古研究院

泥质红陶。敛口，尖圆唇，深弧腹，小平底。上
腹饰黑彩弧边三角纹。

仰韶中期

口径 14.3 厘米，底径 5.3 厘米，通高 5.5 厘米

2016 年出土于山西省临汾市尧都区桃园遗址，
现存于山西省考古研究院

泥质红陶。敛口，尖圆唇，弧腹，小平底。

口沿饰黑彩窄带纹。

敛口钵

(T0619H95:6)

仰韶中期

口径 25.3 厘米，最大腹径 27.2 厘米，
底径 11.5 厘米，通高 11.9 厘米

2016 年出土于山西省临汾市尧都区桃园遗址，
现存于山西省考古研究院

敛口钵

(T0528H305:1)

泥质红陶。敛口，尖圆唇，深弧腹，小平底。素面。

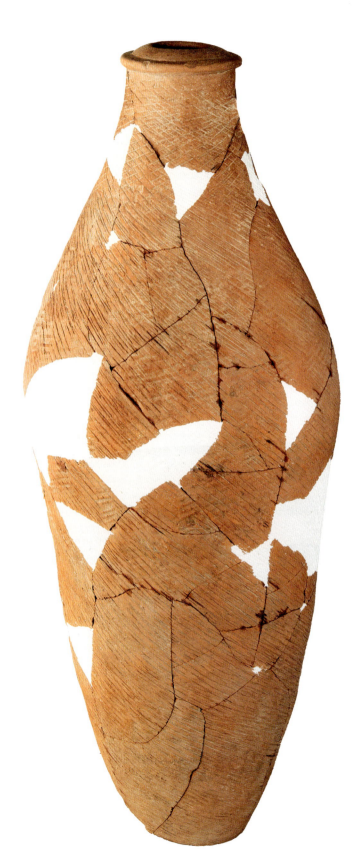

仰韶中期

最大腹径 27 厘米，残高 75.2 厘米

2016 年出土于山西省临汾市尧都区桃园遗址，
现存于山西省考古研究院

泥质红陶。小口，双唇，束颈，溜肩，深
腹斜收，底残。器表饰线纹。

折沿盆

(H175:1)

仰韶中期

口径 31 厘米，最大腹径 38.9 厘米，
底径 13 厘米，通高 24.5 厘米

2016 年出土于山西省临汾市尧都区桃园遗址，
现存于山西省考古研究院

　　泥质红褐陶。圆唇，折沿，上腹外鼓，下部内收，
平底。靠近口沿处有两个穿孔，靠近下腹有两个穿孔，
靠近底部亦有一穿孔。口沿饰一圈黑彩宽带纹，上腹
饰黑彩弧边三角、圆点、线纹、变形鸟纹、勾叶纹组
成的图案。

仰韶中期

口径 34 厘米，最大腹径 39 厘米，
底径 12 厘米，通高 21.5 厘米

2016 年出上于山西省临汾市尧都区桃园遗址，
现存于山西省考古研究院

折沿盆
(T0429H314:1)

泥质红陶。圆唇，折沿，上腹圆鼓，下腹斜收，
平底。上腹饰黑彩圆点、弧线三角组成的纹饰。

折沿盆

(T0429H359:2)

仰韶中期

口径 50.3 厘米，最大腹径 54 厘米，
底径 19 厘米，通高 30 厘米

2016 年出土于山西省临汾市尧都区桃园遗址，
现存于山西省考古研究院

泥质红陶。尖圆唇，折沿，鼓肩，深弧腹曲收，
平底。上腹部饰黑彩圆点、弧线三角组成的复
合纹饰。

折沿盆

(H195:3)

仰韶中期

口径 22.5 厘米，最大腹径 28.5 厘米，
底径 12 厘米，通高 15.5 厘米

2016 年出土于山西省临汾市尧都区桃园遗址，
现存于山西省考古研究院

　　泥质橘黄陶。尖圆唇，折沿，鼓腹弧收，平底。
口沿饰黑彩弧线三角、竖条纹，唇沿饰黑彩带，上
腹部饰黑彩弧线三角、横线穿圆点、圆点、勾叶等
组成的复合纹饰。

仰韶中期

仰韶中期

口径 30 厘米，最大腹径 35 厘米，残高 18 厘米

2016 年出土于山西省临汾市尧都区桃园遗址，
现存于山西省考古研究院

折沿盆

　　泥质橘红陶，底已缺失。圆唇，折沿，上腹较鼓，
下部曲收。口沿饰一圈黑彩宽带纹，上腹部饰黑彩
弧线三角、圆点、斜线、勾叶、变形鸟纹等组成的
纹饰。

仰韶中期

口径 25.4 厘米，沿宽 0.8 厘米，
最大腹径 45.5 厘米，残高 24 厘米

2016 年出土于山西省临汾市尧都区桃园遗址，
现存于山西省考古研究院

鼓肩罐

　　泥质橘红陶。直口，方唇，口内侧有凹槽，
鼓肩，底已残。唇部饰一圈黑彩，腹部绘有黑
彩弧线三角、勾叶、横线穿圆点、圆点组成的
图案，以白彩勾边。

鼓肩罐

仰韶中期

口径 23.5 厘米，最大腹径 37 厘米，残高 30 厘米

2016 年出土于山西省临汾市尧都区桃园遗址，
现存于山西省考古研究院

　　泥质橙黄陶。直口，方唇，口内侧有凹槽，鼓肩，深腹斜收，底已残。唇部饰一周黑彩，肩及上腹饰黑彩弧边三角、斜线穿圆点、花瓣、圆点等组成的图案，图案下以一周黑彩窄带收边。

夹砂罐

仰韶中期

口径 19.4 厘米，最大腹径 26.6 厘米，
底径 11.1 厘米，高 21.5 厘米

2016 年出土于山西省临汾市尧都区桃园遗址，
现存于山西省考古研究院

夹砂褐陶。圆唇，折沿，上腹微鼓，下腹曲收，
平底。上腹部饰弦纹，下腹部饰刻划纹。

仰韶中期

口径 25.8 厘米，最大腹径 29.2 厘米，
底径 12.3 厘米，高 24.7 厘米

2016 年出土于山西省临汾市尧都区桃园遗址，
现存于山西省考古研究院

夹砂罐
(T0429H314:3)

夹砂褐陶。圆唇，折沿，上腹微鼓，下腹
曲收，平底。上腹部饰弦纹，中腹部饰一周附
加堆纹，下腹部饰线纹。

敛口瓮

仰韶中期

口径 27 厘米，最大腹径 54 厘米，
底径 19 厘米，通高 39 厘米

2016 年出土于山西省临汾市尧都区桃园遗址，
现存于山西省考古研究院

泥质橘红陶。敛口，尖圆唇，鼓肩，深腹斜收，
平底。口部饰一周黑彩带，肩部饰黑彩圆点、弧线
三角、勾叶、横线穿圆点等组成的复合纹饰。

敛口瓮

仰韶中期

口径 31.5 厘米，最大腹径 46 厘米，
底径 17 厘米，通高 32.9 厘米

2016 年出土于山西省临汾市尧都区桃园遗址，
现存于山西省考古研究院

泥质灰褐陶。敛口，叠唇，深弧腹斜收，平底。
器表磨光。

仰韶中期

上口径 10.2 厘米，下口径 9.5 厘米，通高 6.8 厘米

2016 年出土于山西省临汾市尧都区桃园遗址，
现存于山西省考古研究院

泥质红陶。敛口，圆唇，鼓腹，中空。素面。

器座

陶杯

(H127 ② :5)

仰韶中期

2016 年出土于山西省临汾市尧都区桃园遗址，
现存于山西省考古研究院

夹砂红陶。喇叭口，圆唇，直腹，小平底。

仰韶中期

2016 年出土于山西省临汾市尧都区桃园遗址，
现存于山西省考古研究院

泥质红陶。敞口，圆唇，斜直腹，平底。

口沿饰黑彩。

陶杯

(H134:8)

仰韶中期

2016 年出土于山西省临汾市尧都区桃园遗址，
现存于山西省考古研究院

　　泥质红陶。长方形，背较圆钝，刃较薄，
两端有三角形小缺口。表面饰刻划纹。

仰韶中期

直径 3 厘米

2016 年出土于山西省临汾市尧都区桃园遗址，
现存于山西省考古研究院

青灰色砂岩。梯形，双面刃，刃部宽，柄部窄。

石斧

(H305:50)

石斧
(H105:14)

仰韶中期

2016 年出土于山西省临汾市尧都区桃园遗址，
现存于山西省考古研究院

青灰色砂岩。梯形，刃部宽且光滑。

仰韶中期

2016 年出土于山西省临汾市尧都区桃园遗址，
现存于山西省考古研究院

石铲

(H111)

青褐色砂岩，磨制。中部有钻孔，刃部光滑。

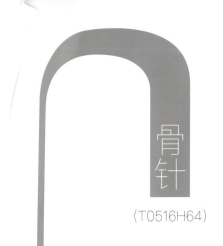

仰韶中期

2016 年出土于山西省临汾市尧都区桃园遗址，
现存于山西省考古研究院

磨制精细，截面圆钝。

口径 35.3 厘米，通高 23.6 厘米

1974 年出土于山西省吕梁市方山县峪口，
现存于山西博物院

　　泥质红陶。圆唇，折沿，鼓腹下斜收，平底。
口沿饰黑彩，上腹饰黑彩圆点、斜线、弧边三
角等组成的纹饰。

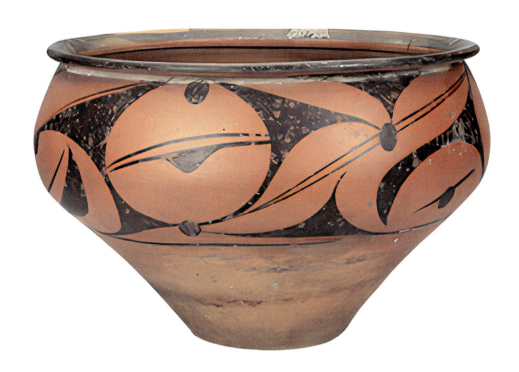

折沿盆

口径 35 厘米，最大腹径 36.5 厘米，
底径 12.9 厘米，通高 23 厘米

1974 年采集于山西省吕梁市方山县峪口公社南，
现存于山西省考古研究院

　　泥质橘红陶。圆唇，折沿，鼓腹下曲收，平底。
沿面满饰一周黑彩，腹部饰黑彩圆点纹、连弧三角纹、
勾叶纹等组合成的复合纹饰。

仰韶中期

口径 28 厘米，腹径 29.5 厘米，
底径 10.8 厘米，高 11.6 厘米

1982 年出土于山西省吕梁市汾阳市段家庄遗址，
现存于山西省考古研究院

敛口钵

(H3:8)

泥质红陶。口微敛，圆唇，弧腹下收，平
底略凹。口沿下饰黑彩弧边三角纹、圆点纹、
勾叶纹以及横线穿圆纹的组合纹饰。

折沿盆

(标本 07)

仰韶中期

口径 36 厘米，腹径 36.4 厘米，残高 24.4 厘米

1982 年出土于山西省吕梁市汾阳市段家庄遗址，
现存于山西省考古研究院

泥质红陶。圆唇，折沿，上腹微鼓，下腹曲收，底残。
沿面施黑色彩带，上腹饰黑彩弧边三角纹、圆点纹、
勾叶纹等组成的复合纹饰。

折沿盆

(F1:6)

口径 41.7 厘米，腹径 45 厘米，

底径 12.4 厘米，高 27.7 厘米

1983 年出土于山西吕梁市柳林县杨家坪遗址，

现存于山西省考古研究院

　　泥质红陶。圆唇，折沿，上腹微鼓，下腹曲收，

平底。通体磨光，沿面及唇部有黑彩窄带纹，

上腹饰黑彩圆点、弧边三角及曲线条带组成的

复合纹饰。

約 5000 年前的中华大地，社会急剧分化，文明火种此起彼伏，经过漫长的蓄势，东方社会异军突起，大汶口文化、良渚文化逐步步入其巅峰阶段，向西输入新观念要素，而盛极一时的西阴文化和红山文化结束，中原地区进入文化割据的仰韶时代晚期。

西王村三期与白燕一期文化并立于山西南北，传统的彩陶渐趋衰弱，尖底瓶由南向北逐步退出历史舞台，灰陶、篮纹之风盛行，东方的白陶、玉石观念渗透至太行山西麓地区。习惯于在河前缓坡和平台择居的先民，部分向高台和梁峁转移，社会进入新的整合蛰伏期。

流

尖底瓶
(H7:1)

仰韶晚期

口径 5.5 厘米，最大腹径 30 厘米，通高 87.2 厘米

2002 年出土于山西省运城市垣曲县上亳遗址，
现存于山西省考古研究院

　　泥质红陶。喇叭口，唇面内折，细颈，溜肩，

深腹下收，尖底略钝。腹部拍印篮纹。

口径 5.5 厘米，残高 42 厘米

2002 年出土于山西省运城市垣曲县上亳遗址，
现存于山西省考古研究院

　　泥质红陶。喇叭口，束颈，溜肩，深腹，
尖底较钝。腹部拍印右斜向的篮纹。

(H7:2)

尖底瓶

仰韶晚期

口径 38.4 厘米，底径 28 厘米，通高 67 厘米

2002 年出土于山西省运城市垣曲县上亳遗址，
现存于山西省考古研究院

　　泥质红陶。敛口，圆唇，深弧腹，小平底。

口部饰一圈戳点纹，腹部饰四组弦纹。

(H11:14)　陶缸

仰韶晚期

口径 8.8 厘米，底径 4.8 厘米，通高 7.8 厘米

2002 年出土于山西省运城市垣曲县上亳遗址，
现存于山西省考古研究院

陶杯

(H62:2)

夹砂褐陶。敞口，圆唇，直腹、平底。素面。

陶抹子

(H6:34)

仰韶晚期

长 38 厘米，宽 14.4 厘米，通高 26 厘米

2002 年出土于山西省运城市垣曲县上亳遗址，
现存于山西省考古研究院

夹砂灰陶，陶色较浅。上部为上细下粗的
实心柱体，横截面呈圆角长方形，位于下部的
平板正中，平板为弧边圆角长方形。素面。

仰韶晚期

长 6.2 厘米，宽 2.2 厘米

2002 年出土于山西省运城市垣曲县上毫遗址，现存于山西省考古研究院

石镞

(H27:15)

黑色燧石，压剥而成。矛形，中部较宽，双面刃，侧刃锋利，通体有压剥痕。

仰韶晚期

长 6.3 厘米，宽 3 厘米

2002 年出土于山西省运城市垣曲县苗圃遗址，现存于山西省考古研究院

黑色砂岩，琢磨光滑。长条形，刃部经磨制，平刃。

仰韶晚期

长 6.3 厘米，宽 3 厘米

2002 年出土于山西省运城市垣曲县苗圃遗址，
现存于山西省考古研究院

石锛

(H104:12)

黑色砂岩，琢磨光滑。梯形，刃部光滑，斜刃。

石刀

(H112:1)

仰韶晚期

长 8.5 厘米，宽 3.5 厘米

2002 年出土于山西省运城市垣曲县苗圃遗址，
现存于山西省考古研究院

　　青灰色砂岩，通体磨制光滑。直背弧刃，
靠近背部中间有一穿孔。

仰韶晚期

长 6 厘米

2002 年出土于山西省运城市垣曲县苗圃遗址,
现存于山西省考古研究院

　　青灰色砂岩,磨制光滑。器身裂隙两侧有
圆形穿孔。

石刀 (H105:15)

仰韶晚期

长 10 厘米，宽 4.5 厘米

2002 年出土于山西省运城市垣曲县苗圃遗址，
现存于山西省考古研究院

青色砂岩。直背弧刃，两侧有打制缺口。

仰韶晚期

长 9.5 厘米，宽 5 厘米

2002 年出土于山西省运城市垣曲县苗圃遗址，
现存于山西省考古研究院

灰褐色砂岩。直背弧刃，两侧有打制缺口。

石刀

(H104:11)

石刀 (H105 9)

仰韶晚期

长 9 厘米，宽 5 厘米

2002 年出土于山西省运城市垣曲县苗圃遗址，现存于山西省考古研究院

青色砂岩，两面琢磨而成。直背弧刃，刃部残存打制疤片，两侧有打制缺口。

仰韶晚期

长 10 厘米，宽 4 厘米

2002 年出土于山西省运城市垣曲县苗圃遗址，
现存于山西省考古研究院

青灰色砂岩，磨制光滑。梯形，双面刃，
中间有一圆形穿孔，孔壁残留零星朱砂。器表
残留切割断碴。

(H111:27)

仰韶晚期

直径 4 厘米

2002 年出土于山西省运城市垣曲县苗圃遗址，
现存于山西省考古研究院

红褐砂岩。圆形，中间穿孔部位略微突起。

石纺轮

(H111:20)

仰韶晚期

长 4 厘米，宽 1.5 厘米

2002 年出土于山西省运城市垣曲县苗圃遗址，
现存于山西省考古研究院

黑色砂岩。三棱柳叶形，体略窄，侧刃略薄。

仰韶晚期

残长 30.5 厘米

2002 年出土于山西省运城市垣曲县苗圃遗址，
现存于山西省考古研究院

鹿角骨。丫字形，共三叉，表面光滑。

仰韶晚期

口径 18.7 厘米，底径 8.2 厘米，通高 7.8 厘米

1989 年出土于山西省临汾市侯马市乔山底遗址，
现存于山西省考古研究院

泥质红陶。敛口，圆唇，弧腹，平底。上腹饰
黑彩斜线、横线组成的图案。

折沿盆

仰韶晚期

口径 33 厘米，底径 13.5 厘米，通高 15 厘米

1989 年出土于山西省临汾市侯马市乔山底遗址，现存于山西省考古研究院

泥质红陶。圆唇，斜折沿，上腹较直，下腹斜收，平底。口沿上饰一周黑彩弧边三角纹组成的图案。

仰韶晚期

口径 33 厘米，底径 14.5 厘米，通高 24 厘米

1989 年出土于山西省临汾市侯马市乔山底遗址，
现存于山西省考古研究院

带流盆

(F1:20)

泥质红陶。敛口，圆唇，口部带一流，斜弧腹，
平底。上腹两侧横置双錾。

鼓肩罐

仰韶晚期

口径 25 厘米，腹径 42.3 厘米，残高 26 厘米

1989 年出土于山西省临汾市侯马市乔山底遗址，
现存于山西省考古研究院

　　泥质红陶。圆唇，斜折沿，鼓肩，下腹斜收，
底残。肩部及上腹饰以黑彩勾边的白彩勾叶纹。

仰韶晚期

口径 16 厘米，底径 7.55 厘米，通高 9 厘米

2001 年出土于山西省临汾市襄汾县小陈遗址，
现存于山西省考古研究院

泥质红陶。敛口，圆唇，折腹较深，下部斜收，
平底。素面。

敛口钵 (H3:187)

敛口钵
(H27:18)

仰韶晚期

口径 22 厘米，底径 9.5 厘米，通高 10 厘米

2001 年出土于山西省临汾市襄汾县小陈遗址，
现存于山西省考古研究院

　　泥质红陶。敛口，圆唇，深弧腹，小平底。
素面。

仰韶晚期

口径 13 厘米，底径 7.5 厘米，通高 7 厘米

2001 年出土于山西省临汾市襄汾县小陈遗址，
现存于山西省考古研究院

敞口碗

(H7:20)

泥质红陶。敞口，圆唇，深弧腹，平底。素面。

仰韶晚期

口径 9.5 厘米，底径 6.5 厘米，通高 12 厘米

2001 年出土于山西省临汾市襄汾县小陈遗址，
现存于山西省考古研究院

夹砂红陶。圆唇，折沿，深腹，平底。素面。

(H3) 小罐

仰韶晚期

口径 11 厘米，底径 8 厘米，通高 11 厘米

1989 年出土于山西省临汾市襄汾县小陈遗址，
现存于山西省考古研究院

小陶杯

(H3:191)

夹砂红陶。敞口，圆唇，深直腹，平底。

素面。

仰韶晚期

口径 15.5 厘米，底径 9 厘米，通高 20.5 厘米

2000 年出土于山西省晋中市灵石县马和遗址，
现存于山西省考古研究院

夹砂灰陶。圆唇，斜折沿。束颈，深腹，平底。
素面。

仰韶晚期

口径 15.5 厘米，最大腹径 18 厘米，
底径 10 厘米，通高 25 厘米

2000 年出土于山西省晋中市灵石县马和遗址，
现存于山西省考古研究院

双鋬罐

(T211W204)

夹砂褐陶。敞口，圆唇，束颈，深腹，上腹
横置双鋬，平底。腹部饰斜线纹。

仰韶晚期

口径 18 厘米，最大腹径 25 厘米，
底径 14.5 厘米，通高 33 厘米

2000 年出土于山西省晋中市灵石县马和遗址，
现存于山西省考古研究院

夹砂红褐陶。敞口，尖圆唇，束颈，深腹，
上腹横置双錾，平底。腹部饰斜绳纹。

双錾罐

(W203)

仰韶晚期

口径 37 厘米，底径 23 厘米，通高 53 厘米

2000 年出土于山西省晋中市灵石县马和遗址，现存于山西省考古研究院

夹砂红褐陶。敞口，圆唇，深腹，上腹横置双鋬，小平底。口沿下饰一周附加堆纹，器身饰绳纹。

石斧
(H235)

仰韶晚期

残长 11.5 厘米，宽 9.5 厘米

2000 年出土于山西省晋中市灵石县马和遗址，
现存于山西省考古研究院

灰褐色砂岩，琢磨而成。梯形，平顶，直刃。

仰韶晚期

长 11 厘米，宽 6 厘米

2000 年出土于山西省晋中市灵石县马和遗址，
现存于山西省考古研究院

石斧

(H245)

青灰色砂岩，琢磨而成。长条形，体厚，弧刃。

仰韶晚期

底径 5 厘米，通高 8 厘米

2000 年出土于山西省晋中市灵石县马和遗址，现存于山西省考古研究院

夹砂褐陶。尖锥状，中空。素面。

仰韶晚期

口径 28.4 厘米，腹径 28.7 厘米，残高 9.6 厘米

1982 年出土于山西省吕梁市汾阳市杏花村遗址，
现存于山西省考古研究院

　　泥质橙红陶。圆唇，斜折沿，鼓肩，斜腹，平底。
唇面涂红彩，沿面饰一周连弧纹，肩部以红彩在上、
下两条横线内绘正、倒相间的三角网纹。

仰韶晚期

口径 22.3 厘米，底径 18.8 厘米，高 57.2 厘米

1957 年出土于山西省太原市郊区（今晋源区）义井遗址，现存于山西博物院

双鋬罐

细泥红陶，胎掺有蚌壳末。敞口，尖圆唇，斜直领，溜肩，鼓腹，腹有一对锯齿状鋬手，下腹斜收，平底。肩部及上腹饰红彩菱形格纹，以一周横线收边。

后　记

　　《西阴文化三部曲》是运城市文物保护中心为"西阴考古论坛"专门编撰的一本专题图录，收录了相关文物 200 余件。

　　本书在编撰过程中先后得到山西省考古研究院、山西博物院、中国社会科学院考古研究所、吉林大学考古学院、运城博物馆、临汾市博物馆等单位及个人的大力支持。

　　该书的编撰工作由运城市文物保护中心的钟龙刚承担，山西省考古研究院的张光辉帮助核校了部分内容，三晋出版社的秦艳兰编辑为保障该图书的按期出版付出了大量劳动。

　　在书稿付梓之际，对参与上述工作的单位和个人致以诚挚的谢意。

编　者

2023 年 9 月

图书在版编目（CIP）数据

西阴文化三部曲 / 运城市文物保护中心编；钟龙刚
主编. — 太原：三晋出版社，2023.10
ISBN 978-7-5457-2810-1

Ⅰ. ①西… Ⅱ. ①运… ②钟… Ⅲ. ①新石器时代考
古－文化遗址－夏县－画册 Ⅳ. ①K872.254-64

中国国家版本馆CIP数据核字（2023）第190482号

西阴文化三部曲

编　　者：运城市文物保护中心
主　　编：钟龙刚
责任编辑：秦艳兰
助理编辑：张丹华
责任印制：李佳音
装帧设计：李猛工作室

出 版 者：山西出版传媒集团·三晋出版社
地　　址：太原市建设南路 21 号
电　　话：0351-4956036（总编室）
　　　　　0351-4922203（印制部）
网　　址：http://www.sjcbs.cn

经 销 者：新华书店
承 印 者：山西印美文化科技有限公司

开　　本：889mm×1194mm　1/16
印　　张：17.5
字　　数：125 千字
版　　次：2023 年 10 月　第 1 版
印　　次：2023 年 10 月　第 1 次印刷
书　　号：ISBN 978-7-5457-2810-1
定　　价：298.00 元

如有印刷质量问题，请与本社发行部联系　电话：0351-4922268